AF247171

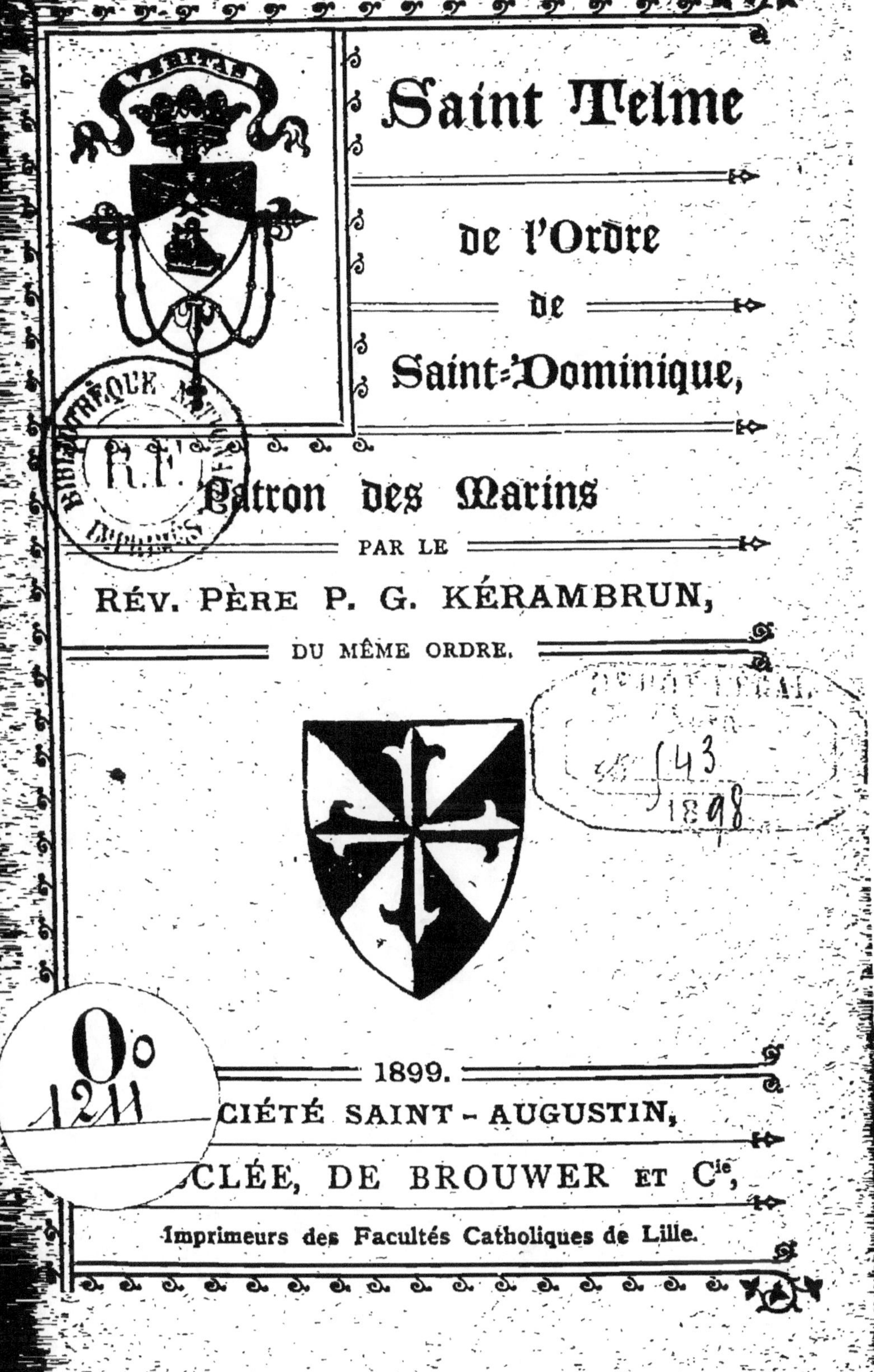

Saint Telme

de l'Ordre de Saint-Dominique,

Patron des Marins

PAR LE

RÉV. PÈRE P. G. KÉRAMBRUN,

DU MÊME ORDRE.

1899.

SOCIÉTÉ SAINT-AUGUSTIN,

DESCLÉE, DE BROUWER ET Cie,

Imprimeurs des Facultés Catholiques de Lille.

Saint Telme

de l'Ordre de Saint-Dominique

Patron des Marins

PAR

LE R. P. P. G. KÉRAMBRUN,

DU MÊME ORDRE.

SOCIÉTÉ SAINT-AUGUSTIN,

DESCLÉE, DE BROUWER ET Cie,

Imprimeurs des Facultés Catholiques de Lille. — 1899.

APPROBATION DE L'ORDRE.

VU ET APPROUVÉ :

Fr. A. GARDEIL,
des Fr. Prêch.,
Régent des Études.

Fr. J. HURTAUD,
des Fr. Prêch.

IMPRIMATUR :

Fr. RÉGINALD MONPEURT,
Prieur Provincial.

IMPRIMATUR :

21 novembris 1898.

J.-B. CARLIER,
V. G.

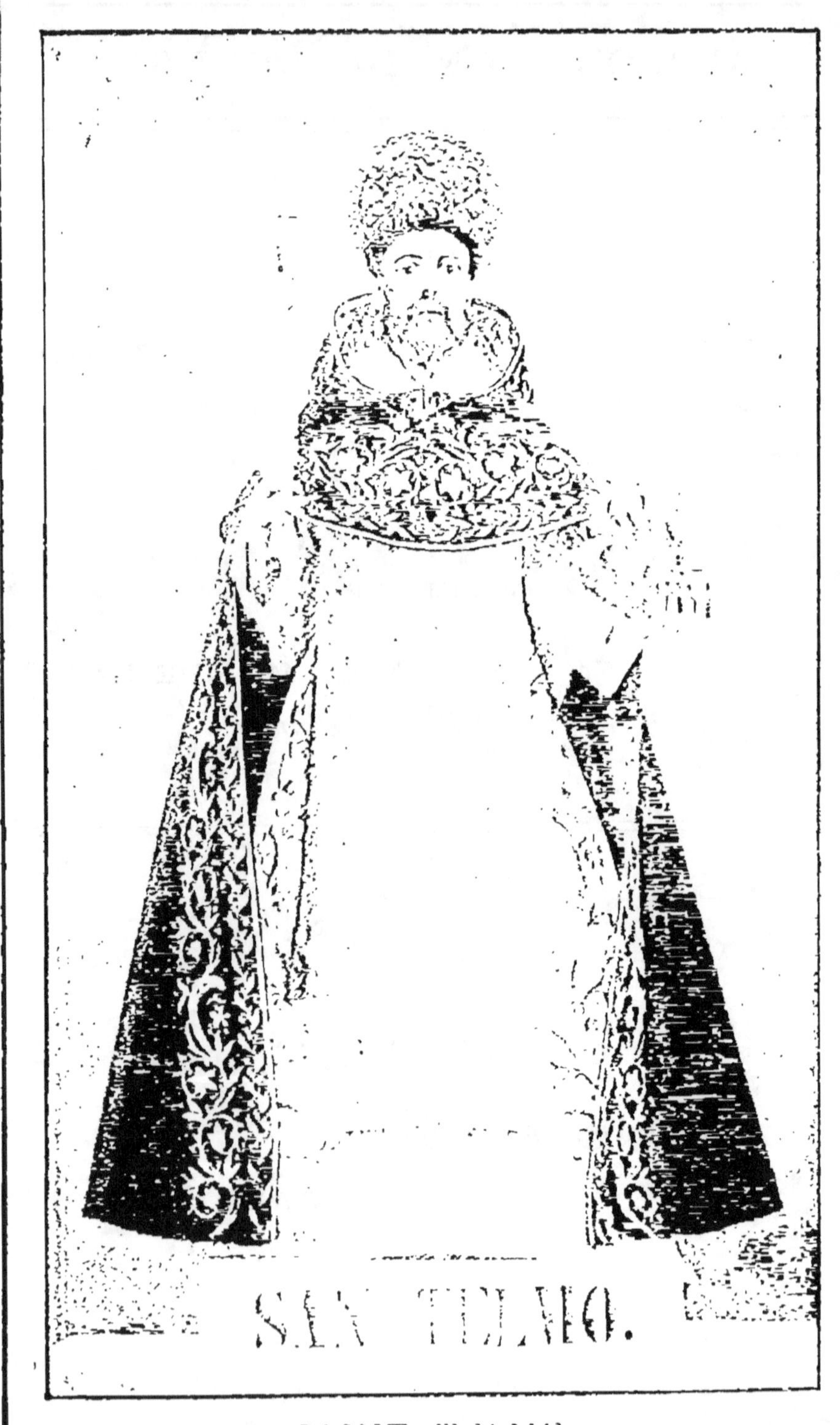

SAINT TELME.

I. — NAISSANCE ET ENFANCE DU SAINT.

E bienheureux Pierre Gonzalez Telme, patron des marins, naquit à Fromista, ville de la Vieille-Castille, l'an 1196.

Son père, descendant de l'illustre famille des Gonzalez, s'était autrefois signalé par sa vaillance dans les terribles guerres de l'Espagne contre les Maures. — La mère du bienheureux appartenait à la famille royale de Léon ; elle était sœur du célèbre évêque don Tellez, qui tint une place importante dans l'histoire de son pays. C'est à sa mère que le bienheureux Pierre Gonzalez dut son nom plus répandu de Telme ; une coutume espagnole encore aujourd'hui en usage le lui faisait porter après le nom de son père.

Le fils du seigneur Gonzalez vécut peu à Fromista et connut peu ses parents. Il n'était âgé que de sept ou huit ans quand son oncle, l'évêque don Tellez, le prit près de lui pour s'occuper de son éducation. Et le jeune Pierre dut quitter la riche demeure de ses parents pour aller vivre à Palencia où siégeait l'évêque.

Palencia possédait une des grandes Universités de cette fin du XIIe siècle. Paris et Bologne étaient ses seules rivales dans toute l'Europe : les maîtres les plus fameux occupaient ses chaires, tandis qu'une jeunesse nombreuse venait recevoir son enseignement.

Or si l'université était si réputée et si florissante, c'est à don Tellez qu'elle le devait. C'est lui qui avait pris soin d'en relever les études, de réunir ses docteurs, d'obtenir pour elle les faveurs du roi de Castille et pour ses membres d'importants et appréciés privilèges. On comprend donc le désir qu'eut l'évêque de faire entrer son neveu dans sa chère université, afin de le faire profiter d'une éducation que jamais celui-ci n'eût pu trouver dans la commerçante Fromista.

II. — L'ÉTUDIANT.

Dominique de Gusman venait à peine de quitter
Palencia, quand y arriva le neveu de don Tellez ; la ville
et l'université se rappelaient encore trop bien l'une et l'autre
leur saint étudiant, pour que le jeune Pierre n'en entendît pas
souvent parler. Sans doute tout ce que l'on rapportait sur
l'aimable vertu de Dominique frappa son esprit, et le souvenir
qu'il en garda ne fut peut-être pas sans influence sur sa vocation future.

A Palencia, toute sa jeunesse, autant qu'on la peut suivre,
s'écoula calme et studieuse. S'il n'eut pas la sainteté de Dominique, il sut éviter du moins en grande partie la vie parfois
dissolue des étudiants. Il se révéla par une intelligence remar-
quable et poursuivit ses études avec le plus entier succès. Ses
condisciples vantaient son talent ; ses maîtres reconnaissaient
sa supériorité. Chaque fois qu'il prenait part aux disputes
théologiques, si en honneur dans les vieilles universités, il se
distinguait entre tous par la vivacité de son esprit et l'étendue
de ses connaissances.

Ses goûts prononcés pour l'étude, les espérances que fai-
saient naître ses triomphes d'écolier, furent probablement les
causes qui le détournèrent de la carrière des armes, où son
père s'était illustré, et qu'embrassait avec enthousiasme, en
ces temps de luttes continuelles, toute la jeunesse noble d'Espagne : Pierre Gonzalez entra comme son oncle dans la carrière ecclésiastique, alors partage des érudits.

Une pensée surnaturelle l'y poussait aussi ; Pierre, en véritable Espagnol, avait une foi vive. Cependant, à ce moment de
sa vie, il faut reconnaître que sa piété était bien légère et bien
peu généreuse : le brillant étudiant voyait d'abord, dans les
charges ecclésiastiques, un moyen d'acquérir une situation
environnée d'un prestige séduisant. Les ressources et les pro-
tections ne pouvaient lui faire défaut dans cet état de vie ; don
Tellez lui apportait son appui et son influence d'évêque ; sa
famille était puissante, et sa valeur personnelle pouvait légi-
timer un avancement rapide.

A peine ses études terminées, Pierre Gonzalez se voit en
effet promu au canonicat. Peu après, la charge de doyen du

ABSIDE DE L'ÉGLISE SAINT-MARTIN
OÙ A ÉTÉ BAPTISÉ SAINT TELME.
(D'APRÈS UNE PHOTOGRAPHIE.)

Chapitre étant devenue vacante, l'évêque l'obtient du Pape
pour son neveu. Ce dernier honneur plaçait du coup le jeune
Gonzalez au premier rang dans la cité de Palencia.

III. — CONVERSION.

C'EST ici que DIEU l'attendait. Jamais le bienheureux ne
fut un grand coupable. Néanmoins il offensait le Maître
exclusif qu'il s'était choisi en apportant à son service un cœur
profané par des ambitions trop humaines.

Par une de ces interventions imprévues que l'on retrouve
dans l'histoire de quelques grands saints, DIEU va imprimer
une direction de vie toute nouvelle à son élu, et l'arracher au
monde.

Une aventure humiliante amena cette brusque conversion :

Comme le nouveau doyen, pour célébrer sa nomination
récente, se promenait en un cortège magnifique au travers
des rues de Palencia, superbe, monté, lui et ses amis, sur des
palefrois luxueusement harnachés, et partout accueilli sur son
passage par les applaudissements enthousiastes de la foule,
soudain sa monture fait un écart, et le brillant cavalier tombe
dans une fosse bourbeuse. Aussitôt huées et rires éclatent. La
foule impitoyable accable de ses moqueries le malheureux, et
inflige à sa vanité la plus piquante humiliation.

Cette humiliation sert la Providence.

Le fier descendant des Gonzalez a peut-être senti d'abord
crier en lui une émotion tout humaine, mais en même temps
une lumière plus pacifiante pénètre son âme. L'inconstance
de la foule, au lieu de provoquer seulement la révolte de son
orgueil, ouvre les yeux du jeune Pierre sur la vanité du monde
et sur la culpabilité de sa propre conduite.

L'appel de DIEU a un écho. L'altier jeune homme va se
mettre au-dessus de ce monde qui vient de le désillusionner,
mais en le dominant de toute la hauteur d'une vocation divine.
Le monde n'en sera plus désormais sa victime, Pierre appar-
tient à DIEU.

Peu de jours après cette humiliation, de plus en plus pressé
par le désir de transformer sa vie, il retourne vers les nouveaux religieux qui depuis deux ans environ édifiaient Palencia. — On parlait souvent de la sainteté de leur vie, de leurs

austérités, qui tranchaient si vivement sur les habitudes sécu-
lières des autres clercs de la ville. Plus d'une fois, Pierre
s'était surpris lui-même à envier une vocation si belle, et bien
que la force nécessaire pour la suivre lui eût fait défaut, il
avait su en saisir tout le charme. Après avoir compris que
nulle part ailleurs il ne pourrait se donner si bien à son DIEU,
et considéré que ce genre de vie était le mieux proportionné
à son esprit et à ses aspirations, sous la grâce nouvelle qui
l'entraînait toujours, il vint sans retard demander humblement
aux Frères Prêcheurs de lui faire miséricorde.

Au couvent de Saint-Paul, s'il y eut surprise, la joie fut plus
grande encore. Les qualités du généreux converti n'étaient
pas ordinaires ; elles promettaient à l'Église de grands servi-
ces. — Pierre Gonzalez put alors se rappeler une prédiction de
Dominique ; le patriarche lui avait prophétisé qu'un jour il
entrerait dans son ordre par la porte de l'humiliation.

— IV. — AU COUVENT DE PALENCIA. —

LE couvent de Palencia venait d'être fondé par Dominique
lui-même. Après avoir reçu l'approbation apostolique
pour son Ordre, l'un des premiers soucis du Fondateur avait
été de descendre en Espagne pour l'y propager. Il pensa naturellement à Palencia qui lui avait pris dix années de sa jeunesse. Palencia, ville d'université, l'attirait aussi à ce titre ; le
saint entendait jeter ses religieux dans les milieux lettrés et
leur y faire prendre rang. Son Ordre était doctrinal, et il lui
procurait ainsi un moyen naturel de développement. Dominique devait s'attirer par là des vocations qui donnèrent un
éclat singulier à son institution encore naissante.

La société de ses nouveaux frères était bien faite pour
achever de mettre Pierre Gonzalez entre les mains de DIEU.
Ils étaient animés de cette belle ferveur qui a toujours mar-
qué les origines des Ordres monastiques. Rien de si pleine-
ment saint que ces temps de fondation ; ce que la *Vie des
Frères* ou les *Fioretti* révèlent des premiers compagnons de
Dominique et de saint François d'Assise, donne la vision
d'une existence plutôt céleste qu'humaine, il s'en échappe un
parfum surnaturel que l'on ne peut plus retrouver aussi péné-
trant.

Frère Pierre vécut trois ans dans la retraite, préparant dans une rude pénitence son fructueux apostolat : et si sa parole deviendra bientôt si puissante, ce n'est que pour avoir reçu une étrange vertu de ces expiations généreuses qui la précédèrent dans le couvent de Saint-Paul.

Cependant ses supérieurs voulurent le faire sortir de sa retraite pour reparaître dans l'université comme professeur de philosophie. Mais il aspirait à un autre ministère. Il voulait être l'apôtre des humbles et des petits.

V. — L'APOTRE DU PEUPLE.

LE souvenir douloureux que frère Pierre gardait de son ancienne vie l'entraînait à ce genre particulier de ministère. Il était avide de quitter ces milieux où sa jeunesse s'était dissipée. Au fond de son cœur était demeurée pour le monde une aversion que tout nouveau contact eût péniblement ravivée, et après avoir été amèrement trompé par lui, il se trouvait incapable de lui découvrir les sentiments intimes dont il débordait pour DIEU. C'est pourquoi il va loin des villes, et préfère les campagnes avec leurs populations pauvres et simples. Là, ce monde qu'il fuit ne lui apparaîtra plus, son âme pourra respirer librement, il pourra dire sans contrainte son amour pour DIEU.

Le prieur à sa demande lui donne un compagnon, suivant l'antique constitution de l'Ordre, et frère Pierre part aussitôt pour les coins écartés de la Castille et du Léon.

Il s'adonne si bien à son nouvel apostolat, qu'il sera rare, dans la suite, de le retrouver se reposant au milieu de ses frères. C'est à peine si nous le voyons, quelques années plus tard, prieur de Guimarans, où il donne l'habit au bienheureux Gonzalve. Il ne paraît dans un couvent que pour le quitter aussitôt. Son existence toute nomade se passe à courir sans repos à la recherche des âmes. Huit ans durant, il parcourt l'une près l'autre toutes les provinces du nord de la Péninsule : après la Castille et le Léon, ce sont les Asturies, l'Aragon, surtout la Galice, pays plus ignorant, et où il ne tardera pas à se fixer.

Frère Pierre avait devant lui le plus beau champ de travail. Tous ces pays ne recevaient la parole de DIEU que d'une façon trop incomplète et trop peu sainte pour maintenir une vie bien chrétienne dans leurs populations. Et cependant celles-ci étaient avides d'évangélisation. A peine le bienheureux eut-il paru, que montagnards et habitants des plaines, tous viennent vers lui avec un empressement extraordinaire ; de toutes parts on veut l'entendre : l'accueil est si enthousiaste que pendant des journées entières on lui fait cortège. Un apostolat au milieu de ces âmes devait passionner un saint. Frère Pierre y trouva vite des joies divines et de beaux triomphes.

A toutes ces populations il ambitionne de découvrir la beauté de la vertu chrétienne ; c'est la matière de son enseignement ; c'est par là qu'il veut relever ces âmes rudes. Il ne craint pas de leur montrer les délicates splendeurs de la religion, de leur servir une nourriture qui semble plutôt faite pour les esprits d'élite ou déjà travaillés par la perfection. Un autre grand saint envoyé à des populations qui rappellent celles-ci, préférera menacer et terrifier son auditoire en faisant résonner à ses oreilles la trompette du jugement, ou en lui exposant les dogmes les plus effrayants de la religion. Saint Telme qui reconnaît à l'Esprit vivificateur le pouvoir de faire descendre plus de lumière dans l'âme d'une humble femme que dans l'âme des docteurs, cherche au contraire à répandre le règne de Dieu en dévoilant les lumières les plus hautes et les plus cachées du christianisme. La mission de saint Vincent consistera à convertir par la crainte, la sienne fut de ramener par la persuasion et l'amour.

Sa parole claire, débordante du feu de son zèle, et toute remplie de l'amour divin, pénétrait la forte enveloppe de ces âmes ignorantes et opérait de merveilleux résultats. Elles étaient faites autant que d'autres plus cultivées, ces âmes loyales et simples, pour recevoir le souffle de l'Esprit et le comprendre. On le vit bien aux fruits qu'opéra la parole de frère Pierre. Dieu se revoyait aimé et d'une façon durable partout où avait passé son serviteur.

Cette prédication fut appuyée par des miracles.

Un jour, à quelques kilomètres de l'Océan, le saint prêchait à une foule nombreuse accourue de tous ces parages maritimes pour l'écouter. Tout à coup un vent violent entasse les nuages au-dessus de l'auditoire, et un orage terrible, formé en très peu d'instant, éclate. La foule troublée et déjà effrayée veut fuir ; mais le bienheureux l'arrête : « N'ayez crainte, s'écrie-t-il, car je vous promets au nom de DIEU qu'il ne vous arrivera aucun mal. » Et levant la main vers le ciel, il trace le signe de la croix. Aussitôt, par un prodige merveilleux, les nuages s'ouvrent et s'écartent aux quatre coins de l'horizon, laissant dans un cercle formé au-dessus de l'auditoire, un ciel calme et plein de lumière. Alors tout à l'entour et près des derniers de cette foule qu'ils respectent, les nuages crèvent, la foudre éclate, et une pluie torrentielle couvre le sol. De tels faits donnaient à la parole de l'apôtre une autorité nouvelle.

VI. — PONTS SUR LE MINHO.

LORSQU'IL accomplit ce premier miracle, frère Pierre était déjà en Galice. C'est à cette province qu'il va de plus en plus restreindre son ministère : les habitants de la Galice, gens droits et fiers par tempérament national, l'attiraient particulièrement ; il retrouvait en eux les instincts mêmes de son âme, que la grâce n'avait fait qu'ennoblir en les maîtrisant. Là, d'ailleurs, son apostolat était plus nécessaire. Un jour vint où il se fixa définitivement dans cette province ; elle devint son pays d'adoption ; si bien que plus tard on put le nommer *l'Apôtre de la Galice*. Il n'en sera séparé un moment que pour désirer ardemment y revenir.

Dans la Galice elle-même, les chemins qu'il parcourut de préférence furent ceux-là surtout qui suivaient le cours du Minho jusqu'à l'Océan. Ces vallées se prêtaient mieux à son ministère, il y trouvait plus d'agglomérations d'habitants, moins de ces demeures éparses et isolées qu'il rencontrait dans les Terrasses, situées à la droite du fleuve, et dans les forêts des Monts Cantabriques, sur la rive gauche. Le désir de secourir les populations pauvres de ces parages, et aussi de les réunir plus facilement pour leur parler de DIEU, lui fit alors entreprendre un projet, plein d'audace pour cette époque. Le Minho ne possédait aucun pont. Par suite de leur isolement, les riverains du fleuve avaient peu ressenti les bienfaits d'une civilisation qui même dans le reste du pays ne pénétrait que lentement. Elever un pont était d'ailleurs une œuvre au-dessus de leurs ressources. Or, le fleuve avait sur la plus grande partie de son cours des eaux dangereuses à cause de leur rapidité et de leur profondeur. Les deux rives communiquaient ainsi difficilement.

Prêt à vaincre tous les obstacles, frère Pierre entreprit de bâtir un pont à Castrello, petit village des plaines de Riva-diavia.

Il va d'abord demander pour son entreprise la protection du roi. Accueilli favorablement, il se met en quête de secours et implore la charité de tous. Pendant de longs mois, il parcourt toutes les routes du pays, et ne s'arrête enfin qu'après avoir trouvé les fonds suffisants. Alors ce sont les ouvriers qu'il faut grouper, les matériaux qu'il faut rassembler. Mais frère Pierre est partout connu, partout aimé, et à son appel accourent des ouvriers de bonne volonté, qui d'ailleurs comprennent le bienfait ; des dons de toute nature lui sont en même temps offerts. Désormais il peut se mettre à l'œuvre. Architecte pour l'instant, c'est lui qui donne les plans et dirige les ouvriers.

Avec frère Pierre, les travaux devaient être bénis de DIEU et soutenus par sa toute-puissance : les difficultés sont innombrables ; le saint les surmontera toutes. Un jour ce sont les vivres qui manquent, car les travailleurs sont en grand nombre. Frère Pierre assisté de Frère de las Marinas, son compagnon, descend au fleuve, et plein de foi, après avoir invoqué DIEU, il ordonne aux poissons d'accourir. Ceux-ci obéissent et s'approchent de la rive. Frère Pierre, aidé de son compagnon, les saisit et les jette sur le rivage en nombre suffisant pour nourrir tout le monde. Puis la provision faite, il bénit les poissons pour leur donner congé, et ceux-ci se rejettent dans le fleuve.

Bientôt, à la grande joie des Galiciens, un pont puissant se trouva jeté sur le Minho.

Les derniers jours une foule considérable était accourue et se pressait avec les ouvriers autour de frère Pierre Gonzalez pour lui témoigner sa reconnaissance. Mais c'est DIEU surtout qu'il fallait remercier, car seul il avait pu achever si bien et rapidement une telle œuvre. Le saint voulut le faire comprendre à ce peuple, et sous l'inspiration d'En-Haut, étendant à la vue de tous sa chape sur le fleuve, à genoux sur elle, il traverse le Minho. Il avait prouvé, par ce miracle, la constante intervention de la divine Providence.

Vers la fin de sa vie, la charité du bienheureux devait le faire construire un autre pont sur le même fleuve, dans des circonstances analogues. Le premier de ces deux ouvrages est détruit depuis longtemps, mais du second, situé à Ramollosa, il reste encore d'imposantes ruines qui font comprendre la hardiesse de ces entreprises.

VII. — A L'ARMÉE.

LA sainteté de frère Pierre Gonzalez attira l'attention du roi Ferdinand. La conversion subite du jeune doyen, les miracles du religieux, surtout ce pont audacieusement construit dans une contrée sans ressources, avaient étendu vite et loin sa réputation. Elle parvint jusqu'à la cour aux oreilles du pieux monarque. Celui-ci eut une première fois l'occasion de voir frère Gonzalez quand il vint lui demander son assentiment à la construction du pont de Castrella. Cette courte apparition avait suffi pour révéler ses grandes vertus.

Saint Ferdinand, neveu de Blanche de Castille et cousin de saint Louis de France, appelait à sa cour tous les hommes de DIEU. Il s'aidait de leurs conseils pour relever la religion dans son royaume et pour y redresser les mœurs. Sur le point de partir pour une expédition contre les Maures, il voulut prendre pour son confesseur et conseiller particulier, frère Pierre Gonzalez ; sa présence attirerait la bénédiction de DIEU sur ses armes, en même temps qu'elle aurait une heureuse influence sur la vie désordonnée des soldats. La guerre entreprise par Ferdinand était une vraie croisade ; il s'agissait de rejeter hors de l'Espagne les Maures, dont la présence sur la terre d'Espagne menaçait autant le catholicisme que l'indépendance nationale.

Frère Pierre, bien que laissant à regret ses travaux, obéit aux désirs de Ferdinand et vint le rejoindre à l'armée.

Au milieu de l'agitation du camp il brillera par les mêmes vertus et par la même sainteté.

Le nouveau confesseur du roi se rencontrait avec plusieurs prêtres, chapelains de l'armée. Leur zèle néanmoins n'y avait pas eu tout l'effet désirable ; l'armée restait corrompue, elle ne trouvait dans la guerre qu'une occasion pour se livrer aux plus graves désordres et commettre tous les crimes.

L'apôtre résolut de porter de ce côté ses principaux efforts. Son cœur, qui n'est pas encore guéri de la blessure que lui a faite le monde, s'ouvre plus librement au simple homme d'armes qu'au brillant chevalier de la cour. Aussi, ne se contentant pas de presser l'activité des chapelains, il vient lui-même partager leurs travaux. Il s'établit au milieu des soldats et dresse sa tente près des leurs. Aux soldats grossiers, comme aux paysans de Galice, il se reprend à dire les beautés de la vertu et à montrer la laideur du vice, cherchant encore par ces délicats et sublimes enseignements à réveiller ces âmes de leur torpeur.

Les soldats apprennent vite à aimer ce religieux à robe blanche qui parcourt fraternellement leurs rangs ; et ils sont tout de suite captivés par sa charité profonde et désintéressée ; sa personne modeste et douce, où éclate un si grand contraste avec leur caractère tapageur et violent, les attire ; son visage, que la grâce fait resplendir d'une onction et d'une paix tout aimables, les frappe de vénération et d'amour. La parole du frère Pierre a bientôt opéré des fruits sensibles. Les soldats ne peuvent résister à ces pressantes sollicitations qui émeuvent les cœurs les plus rebelles. En quelques mois, l'armée de Ferdinand, qui avait été, il est vrai, toujours composée d'Espagnols à foi sincère, se transforme. Les âmes s'épurent, les soldats sont merveilleusement disciplinés, non plus par la force d'un commandement brutal, mais par le sentiment vivace du devoir.

Cette influence s'est étendue sur tout le camp. Elle est plus grande que ne l'avait espéré Ferdinand. Le nom du saint est dans toutes les bouches. Les soldats bénissent DIEU de leur avoir envoyé son serviteur ; ils sont sûrs maintenant de la victoire ; ils se sentent pleins de courage pour affronter les luttes et s'exposer à la mort. La présence de frère Pierre les fortifie et les ranime ; ils aiment à se grouper autour de lui comme autour du drapeau qui représente la cause pour laquelle on meurt ; c'est bien pour DIEU qu'ils combattent ainsi ; frère Pierre est le gage vivant que DIEU agrée leur sacrifice.

L'ennemi superstitieux a lui-même appris qu'un homme
de DIEU était dans les rangs des chrétiens. C'est à lui
qu'ils attribuent ces défaites successives qui les rejettent de
plus en plus vers la mer ; le bienheureux devient pour les
Maures un sujet d'effroi et de découragement : un ange protecteur assure la victoire aux chrétiens.

—— VIII. — LE SAINT PERSÉCUTÉ. ——

LA moralisation de l'armée avait été presque complète.
Les méchants se voyaient abandonnés du grand nombre, condamnés à se cacher pour commettre le mal, et
obligés d'en rougir devant leurs anciens compagnons de
débauche.

Poussés par l'esprit mauvais, plusieurs seigneurs libertins
voulurent se venger de celui qui les troublait dans leurs
plaisirs.

Leur dessein eut un caractère particulièrement odieux. Ils
entreprirent de porter atteinte à la vertu même du saint.
Vengeance diabolique, plus inexplicable que celle qui cherche-
rait à se satisfaire dans le sang. La vertu de l'âme est chose
divine et la passion la plus haineuse doit s'arrêter ici, devant
la vision intangible de DIEU même.

Les jeunes seigneurs rebelles aux enseignements de frère
Pierre Gonzalez, offrirent donc une forte somme à une
malheureuse pour en faire leur complice. Celle-ci cède à
l'appât de la récompense et à la perversion de son propre
cœur. Elle vient trouver frère Pierre et lui demande d'écouter
la confession de ses fautes. Le bienheureux ne peut refuser de
l'entendre. Il croit aux larmes qu'elle verse devant lui, à ce
désespoir habilement feint. Mais la perfide saisit le moment
propice, change tout à coup son langage, et fait entendre ses
propositions criminelles. A quelques pas de la tente où se
trouve frère Pierre, les libertins sont aux aguets, épiant l'instant où ils pourront confondre leur ennemi.

Mais, au premier mot révélateur, le saint s'est levé. C'est
un amour ardent pour son DIEU qui embrase sa poitrine.
Quelle créature pourra donc jamais se mettre au travers de
cet insatiable désir d'être tout à DIEU, auquel depuis le jour
de sa conversion il n'a cessé de livrer et d'abandonner entière-

CORDOUE. — LA GRANDE MOSQUÉE.

ment son cœur ? Aimer Dieu c'est là toute sa part ; il en a trop bien goûté les joies pour les échanger contre les plaisirs de la terre, surtout de tels plaisirs.

Frère Pierre répand sur le sol de la tente le grand feu de camp qui y était allumé, et se couche sur le brasier ardent : les bras en croix sur sa poitrine, il appelle maintenant la séductrice. Le feu jette ses flammes hautes et menaçantes, mais le saint y demeure étendu, respecté par elles, le visage resplendissant. Les libertins accourent et croient jouir du triomphe. C'est la courtisane agenouillée devant le feu qu'ils aperçoivent ; les yeux pleins de larmes, inspirée cette fois par le remords, elle confesse avec douleur sa faute. Eux aussi, pris d'effroi, se jettent aux pieds du saint, implorant leur propre pardon.

Le bruit de cette victoire, répandu dans tout le camp, accrut la vénération des soldats pour le bienheureux. Aucune hostilité ne devait plus venir entraver son ministère.

Quelques jours plus tard, l'armée entrait triomphante à Cordoue. Frère Pierre était là, proche du cortége royal, salué et désigné sur son passage par la foule chrétienne et sarrasine qui regardait surtout, dans le brillant cortège, l'humble moine dont le zèle avait rendu l'armée si terrible, et dont les prières avaient assuré le succès de cette guerre. Il entra avec le roi dans la célèbre mosquée, destinée à être bientôt convertie en temple chrétien. Une croix y fut plantée en attendant qu'elle pût être rendue propre au culte divin.

IX. — FRÈRE PIERRE QUITTE LE ROI.

Lors de la prise de Cordoue, il y avait déjà trois ans que frère Pierre Gonzalez suivait le roi. Il dut à ce moment quitter l'armée pour se rendre en Castille, où des affaires pressantes appelaient Ferdinand ; le prince voulait garder près de lui son saint confesseur. Mais celui-ci, malgré son affection profonde pour ce pieux roi, regrettait sa Galice. On le séparait des soldats ; près d'eux, il oubliait plus parfaitement ses anciens travaux. Mais la vie de la cour lui répugnait. Les faveurs royales blessaient son humilité et son amour de la pauvreté. Tout ce faste d'ailleurs ne cessait de lui rappeler son existence d'autrefois.

Sur ses instances, Ferdinand dut le laisser partir. Cependant, c'est en souvenir du bienheureux que, pendant cinq cents ans, les rois d'Espagne choisissent leurs confesseurs parmi les Dominicains,

Probablement, les deux amis se séparèrent à Palencia, car le roi dut immédiatement s'y rendre pour conférer avec don Tellez. Frère Pierre partit pour Compostelle, où ses supérieurs l'assignaient.

Il ne demeura pas longtemps dans ce dernier couvent. Comme il avait fui la cour, il voulut fuir la ville et demanda à reprendre l'évangélisation de la Galice.

Ses prédications recommencèrent au milieu des populations du Minho, joyeuses de retrouver leur bienfaiteur. Accompagné toujours de frère de las Marinas, il reprit ses marches le long du fleuve, parcourant avec lenteur les petits hameaux s'échelonnant sur les deux rives.

X. — SIGNES CÉLESTES.

CETTE nouvelle mission fut encore bénie par Dieu, et appuyée de nombreux miracles.

Un jour, appelé près d'un prêtre qui se mourait, frère Pierre s'était mis en chemin avec son compagnon et un guide. La distance à parcourir était grande ; le bienheureux pressé par la charité marchait vite. Ses compagnons après l'avoir suivi quelque temps avec courage se trouvèrent bientôt fatigués. Le pays était montagneux, il faisait un chaud soleil d'Espagne, et de plus les voyageurs étaient partis sans prendre aucune nourriture. La rapidité de la marche dans ces conditions achevait le supplice. Seul frère Pierre paraissait ne s'apercevoir de rien : on gravissait une colline nommée la Portella, et il se hâtait toujours C'en fut trop pour les deux malheureux que l'amour du prochain ne rendait pas à tel point insensibles. Frère de las Marinas se prit à murmurer : « Frère Pierre, en vérité, a peu de considération pour nous ; il est formé aux marches et habitué aux jeûnes, il pense qu'il n'est pas besoin aux autres de manger, ni de prendre de repos. Frère Pierre peut être un saint, mais c'est un saint imprudent. » Le bienheureux précédait de loin les deux mécontents, et tout absorbé dans la pensée de Dieu, il ne pouvait entendre leurs plaintes. Cependant, Dieu les lui ayant fait connaître, il ralentit sa marche pour les attendre : « Mes enfants, leur dit-il, si vous avez faim, allez au rocher qui est en face et là vous trouverez de quoi vous rassasier. » Les deux compagnons obéissent ; ils vont au lieu indiqué, et là trouvent, dans une serviette bien blanche, un pain de pur froment et un flacon de vin. Ils apportent leur trouvaille au bienheureux ; celui-ci souriant les invite à manger, puis lorsqu'ils eurent fini, il les envoie remettre les restes à leur place première. Réconforté, frère de las Marinas prit soudain conscience de sa faiblesse. Ce pain que frère Pierre leur avait donné, comment avait-il connu son existence ? N'était-ce pas à l'instant même de leurs murmures qu'il s'était arrêté pour leur dire d'aller le chercher derrière ce rocher inconnu ? Il court de nouveau au rocher : la serviette, le pain et le vin n'y étaient plus. La nourriture qu'ils venaient de prendre, c'était Dieu lui-même qui la leur avait envoyée à la prière du Saint. Alors le rejoignant tout confus, ils s'accusèrent de leur lâcheté tandis que frère Pierre les invitait à louer Dieu, et à se confier désormais à la Providence, surtout lorsqu'ils travailleraient pour son service.

Le saint fit un second miracle assez semblable à celui-ci encore, en faveur de son compagnon :

On était aux plus chaudes journées d'été, et frère de las Marinas, accablé par la chaleur, suppliait frère Pierre Gonzalez de lui trouver à boire. Avisant la maison d'un prêtre, le bienheureux y conduit son compagnon et demande à la servante de leur servir un peu de vin. La servante qui connaissait le Saint lui répondit en s'excusant : « Dieu sait combien je serais contente de vous soulager, mais dans toute la maison il n'y a qu'un peu de vin, très peu, et je crains en vous le donnant de mécontenter vivement mon maître. » Mais le Saint insiste : « Donnez-nous néanmoins un peu de vin, et je vous promets que votre maître en sera très content. — Père, répondit la servante, n'osant lui résister, je vous le donne volontiers, mais que le courroux de mon maître ne retombe pas sur moi. » Et elle apporte ce qui restait de vin. — Quand frère de las Marinas se fut désaltéré, ils reprirent leur chemin. Ils n'étaient pas très éloignés de la maison du prêtre, que celui-ci rentre chez lui, fatigué lui-même d'une longue course. Il veut prendre le flacon laissé par lui à demi vide. Que voit-il ? Il est plein, plein d'un vin généreux qui à peine goûté lui fait pousser un cri de surprise et appeler la servante. Celle-ci accourt, s'explique le miracle, et alors raconte à son maître la venue du Saint ; comment il avait insisté pour se désaltérer, sachant qu'elle n'avait à lui offrir qu'un reste de vin. Frère Pierre Gonzalez avait rempli d'un vin délicieux le flacon presque vide un instant auparavant.

XI. — FRÈRE PIERRE PROPHÉTISE SA MORT.

CEPENDANT le moment approchait pour le bienheureux d'aller recevoir au ciel sa couronne. Il avait déjà cinquante-six ans ; sa santé était usée par les fatigues, par les courses continuelles de son ministère, surtout par les austérités de toutes sortes qu'il ne cessa de pratiquer depuis sa conversion.

Dieu lui fit connaître par révélation qu'il allait le rappeler à lui.

Frère Pierre Gonzalez était alors suivi d'un certain nombre de Galiciens, qui, depuis les premiers jours de son retour en Galice, n'avaient pas cessé de l'entourer, semblables à ces habitants de la Galilée qui se groupaient autour du Maître dans ses courses le long du lac de Tibériade. C'étaient ceux que la parole du bienheureux avait fascinés, et qu'un désir de perfection plus grande retenait près de lui ; d'autres étaient venus, attirés par son éminente sainteté ou par le désir de fortifier leur foi au spectacle de quelque miracle. Toute cette foule l'aimait.

Il voulait leur annoncer sa fin prochaine, afin de préparer une séparation qui n'était pas sans lui déchirer le cœur.

Comme il prêchait le dimanche des Rameaux dans un monastère de Saint-Benoît, situé près de Tuy, à peu de distance de l'Océan, il s'arrêta brusquement dans l'exposé des mystères du jour, et s'adressant à son nombreux auditoire : « L'attachement que me montre toute cette multitude me touche et me remplit de joie, car je sais que c'est pour l'amour de N.-S. qu'elle me suit ainsi. Néanmoins, je dois vous avertir que mon Maître nous est apparu cette nuit à mon compagnon et à moi, se plaignant que je fusse suivi de vieillards et d'infirmes, car notre genre de vie présente pour eux de trop grandes fatigues. Aussi, au nom de Jésus-Christ, j'ordonne à ces personnes de retourner dans leurs demeures pour attendre que d'autres après moi les viennent évangéliser....

» Car j'ai une autre nouvelle à vous apprendre, c'est que vous ne me reverrez plus longtemps continuer ma tâche près de vous. Encore un peu de jours et viendra ma mort. Mais je vous supplie, quand vous apprendrez que j'ai quitté cette terre, priez pour le repos de mon âme, car, malgré ma bonne volonté, je sais que je me présente devant mon juge couvert de défauts et d'imperfections. »

Le Saint allait les quitter ! La douleur de l'auditoire, en particulier des compagnons habituels du bienheureux, éclata à cette révélation. Mais Dieu le voulait ainsi ; ceux que leur âge ou leurs infirmités désignaient, les larmes aux yeux durent se séparer de leur protecteur et père, pendant que les plus valides le suivaient encore à Tuy, où frère Pierre prêchait la Semaine Sainte.

Il parla de la nécessité de la pénitence et de l'utilité de la confession. L'auditoire n'apercevait en lui aucune fatigue extraordinaire et rien ne faisait pressentir sa fin. Seulement la parole de l'apôtre avait des accents plus pressants encore et plus attendris. Il semblait que, dans la préoccupation de sa mort imminente, il voulût opérer en ce peu de jours le bien qui eût réclamé de lui plusieurs nouvelles années de travaux et de fatigues.

XII. — MORT DE L'APOTRE.

C'ÉTAIT le dernier effort de saint Telme. Le mardi de Pâques, il tomba dans une fièvre violente. Il voulut alors se rendre à Saint-Jacques de Compostelle dans l'unique couvent possédé par les Prêcheurs en Galice, pour avoir la consolation de mourir au milieu de ses frères.

Mais son désir ne devait pas se réaliser. C'est Tuy qui aura l'honneur de garder sa sépulture. Après quelques heures de marche en compagnie du frère de las Marinas, son ami fidèle et dévoué, le bienheureux, arrivé au village de Sainte-Columba,

BUSTE EN ARGENT

CONTENANT LA TÊTE DE SAINT TELME

se trouve plus mal. Il comprend qu'il lui est impossible de franchir la distance assez grande qui sépare Tuy de Compostelle, à travers un pays de montagnes et par des chemins souvent mal tracés. Péniblement avec l'aide de son compagnon, il revient donc sur ses pas : « Mon fils, dit-il, avec une sainte résignation, retournons à Tuy, Dieu veut que j'y meure. »

Un pieux chrétien de la ville, qui sans doute avait le privilège ordinaire de l'abriter sous son toit, le reçut dans la maison où il ne venait que pour mourir. Et comme son hôte s'empressait à lui prodiguer ses soins, frère Pierre lui annonça sa fin. « Ami, je vous suis reconnaissant de votre charité à mon endroit. Maintenant je vais jouir de Dieu ; je dois mourir chez vous ; Dieu veut que mes prières, s'arrêtant de préférence sur cette ville, en éloignent les châtiments mérités par mes péchés. Je n'ai rien pour récompenser vos soins, daignez du moins recevoir ma ceinture, un jour elle vous sera très utile. »

Plus tard cette précieuse relique que l'hôte conserva religieusement devait accomplir plusieurs miracles. Des malades furent guéris à son contact, et il semblait que sa présence dans la maison en protégeât les habitants contre tout malheur. Le clergé de la ville demanda au donataire de la relique qu'il la cédât pour la cathédrale. Celui-ci avant de se rendre à leurs instances voulut en détacher une partie ; mais le couteau s'échappait de ses mains ; il vit que c'était en vain qu'il essaierait de satisfaire son désir, et devant la volonté de Dieu il abandonna la ceinture entière.

Cependant au milieu de ses souffrances frère Pierre conservait une pleine sérénité d'esprit et manifestait une joie sainte. A ceux qui l'entouraient, il parlait encore de Dieu, du mépris des choses terrestres, comment on devait garder sa pensée constamment tournée vers le ciel. Bientôt il fallut lui donner les derniers sacrements ; après les avoir reçus avec les marques d'un vif amour, frère Pierre Gonzalez Telme expira doucement entre les bras de son compagnon frère de las Marinas.

Toute la ville accourut pleurer près de ses restes.

Le bienheureux reposait sur une pauvre couche ; son visage n'avait rien de cette effrayante rigidité que donne la mort, il paraissait au contraire animé, et semblait sourire sous la dernière impression d'une âme joyeuse d'aller à Dieu. De son corps s'échappait un parfum surnaturel qui rendait un dernier témoignage à sa grande pureté.

L'évêque don Lucas lui fit élever un tombeau magnifique dans la grande nef de la cathédrale. On y déposa en grande solennité le corps du nouveau protecteur de la ville. Plus tard près de ce tombeau l'évêque voulut mettre le sien, afin de se présenter à DIEU sous la garde spéciale du bienheureux. Mais, bien qu'élevé d'abord suivant ses indications tout contre le monument, il s'en trouva merveilleusement éloigné lorsqu'on voulut y descendre son corps. DIEU voulait encore marquer par là l'insigne sainteté du bienheureux Pierre Gonzalez.

— XIII. — MIRACLES APRÈS SA MORT. —

PEU de jours après la mort bienheureuse de frère Pierre Gonzalez, une huile d'un parfum suave, rappelant l'odeur qui s'était déjà échappée de son corps, se mit à découler du sépulcre. DIEU commençait à manifester la gloire de son apôtre. Cette huile, dont l'Écriture a consacré le symbolisme, disait quelle fut la douceur de toute sa personne, quels furent l'onction de sa parole et le charme de ses vertus.

Or un capitaine de vaisseau, raconte un chroniqueur, étant venu vers cette époque au tombeau du Saint pour accomplir un vœu fait en son honneur, on lui parla de ce miracle singulier. Le marin, malgré la simplicité de sa foi et sa grande vénération pour le bienheureux, se montrait incrédule ; depuis quelques jours l'huile avait cessé de couler. Mais le pèlerin ne fut pas plus tôt rendu au tombeau, qu'il le vit se couvrir sur toutes ses parties de gouttes légères ; celles-ci bientôt se changent en un liquide abondant qui couvre le sol tout à l'entour, en répandant une odeur délicieuse. Le marin put en remplir une corne qu'il portait à sa ceinture. Ce miracle fait pour lui toucha son âme d'une piété vive, et d'un culte profond pour le Saint, qu'il continua de vénérer fidèlement toute sa vie.

D'autres miracles en grand nombre illustrèrent le tombeau du bienheureux. Les écrits du temps déclarent qu'il est impossible de les transcrire tous. Un enfant paralysé de tout le corps, à peine posé sur la tombe, se redressa guéri ; des lépreux en nombre dans le pays, des démoniaques, des infirmes de toutes sortes lui durent encore leur guérison.

XIV. — SAINT TELME ET LES MARINS.

Mais saint Telme est d'abord le patron des marins, et c'est sur eux avant tout que doit s'étendre sa protection. Ce patronage spécial s'était affirmé du vivant même du Saint : et des miracles récompensèrent la confiance de ceux qui l'invoquaient.

Au commencement du siège de Séville, entrepris par cette même armée que frère Pierre avait autrefois suivie et évangélisée, un navire partit de Lisbonne avec des vivres pour les soldats de Ferdinand.

En pleine traversée, une tempête violente éclate, le navire secoué en tous sens est incapable de se gouverner et dérive au gré du vent, prêt à se briser aux premiers écueils. Les marins, devant une mort certaine, se souviennent du frère Pierre, qu'ils ont vu si souvent dominer la tempête et les eaux. Ils invoquent celui qui serait encore leur sauveur s'il était au milieu d'eux, supplient le Tout-Puissant de les tirer du péril en considération de son Saint. Et voici que frère Pierre apparaît à leur bord. C'est lui sous son habit de Prêcheur ; il leur parle, il va les sauver : « Ayez confiance, leur dit-il, vous arriverez à bon port »; et de la main il commande encore une fois à la tempête ; tout autour du vaisseau le vent s'apaise et le pilote, redevenu maître de son gouvernail, peut reprendre sa marche sur des flots maintenant tranquilles et soumis.

Cependant, de son vivant, la réputation du saint resta limitée à quelques coins de la Péninsule. Mais aussitôt après sa mort, les faits merveilleux se répétant sans interruption la propagèrent avec une très grande rapidité, et elle s'établit pour toujours dans toute l'Espagne et le Portugal, dans leurs colonies ou les contrées visitées par leurs vaisseaux.

Ce furent les marins qui consacrèrent son nom de saint Telme, sous lequel il est plus universellement connu que sous celui de bienheureux Pierre Gonzalez. Peut-être aimèrent-ils à confondre ce nom qu'il tenait de sa mère avec celui des feux

TUY. — CHAPELLE ÉLEVÉE SUR L'EMPLACEMENT
DE LA MAISON OU EST MORT SAINT TELME.
(D'APRÈS UNE PHOTOGRAPHIE.)

Saint-Telme ou Saint-Elme. On désignait ainsi déjà les petites aigrettes lumineuses produites par l'électricité, que l'on voit courir pendant les temps d'orage sur les vergues et les cordages des navires. Car il est impossible de dire, comme on l'a cru, que ce fut notre bienheureux qui leur donna son nom. — Signe de bon augure et présage de la cessation de l'orage, le feu Saint-Telme manifesta cependant à plusieurs reprises l'intervention miraculeuse du bienheureux lui-même.

C'est ainsi qu'un vaisseau espagnol, naviguant dans les eaux du Mexique, se trouva une nuit assailli par une tempête furieuse. L'équipage allait infailliblement sombrer, quand l'aumônier du bord rappelle aux hommes éperdus la puissance de frère Pierre Gonzalez. Tous aussitôt se jettent à genoux, et voici que merveilleusement, dans les ténèbres, brille le feu Saint-Telme sur tous les cordages ; le vent tombe, le vaisseau commence à se retrouver en mer calme. Le danger avait été conjuré avec une rapidité qui prouvait un miracle. En témoignage encore, des gouttes de cire blanche tombent des cordages goudronnés, tous ceux qui étaient à bord purent en recueillir.

C'est un fait entre mille autres semblables. Quand apparaît le feu Saint-Telme, le marin reprend son assurance. Tout péril a cessé : l'allégresse éclate alors : « Vive saint Telme ! » c'est le cri des Espagnols ; « Vive corps saint ! » disent les Portugais. Il est raconté dans la vie de Christophe Colomb écrite par son fils, comment, à l'apparition de ces lumières, le grand navigateur et tous ses compagnons entonnaient litanies et autres prières en l'honneur du bienheureux, « *car les marins se savent hors de danger dès qu'apparaît saint Telme.* »

Ou bien le Saint se montrait lui-même, sur sa main ouverte portant une flamme d'espérance ; plus souvent il tient un cierge de cire, comme pour conduire ses protégés au port.

Un fait particulièrement merveilleux, à cause du grand nombre de ses témoins, contribua à le faire ordinairement représenter dans la suite avec un cierge à la main. La flotte espagnole, commandée par le marquis de Villa-Tiel, s'étant trouvée en détresse près des côtes de l'Amérique, sur tous les vaisseaux les marins invoquèrent saint Telme. On voit le Saint apparaître tenant un cierge dont il laisse tomber des gouttes de cire sur le pont des navires qu'il parcourt l'un après l'autre. Il ne quitte la flotte qu'après avoir calmé la mer, rendu la confiance à tous, et grâce à lui l'expédition peut s'achever heureusement.

Un marin tombé du haut d'un mât à la mer est abandonné par son navire qui doit fuir à toute vitesse sous la tempête. Le malheureux se débat contre les vagues furieuses, cherchant à retarder une mort certaine. Soudain il pense à frère Pierre Gonzalez et l'invoque avec une foi vive. Le bienheureux lui apparaît. Il le prend par la main et vient le remettre sur le pont du navire à la vue de l'équipage enthousiasmé.

En 1662, le Saint apparut une seconde fois à toute une flotte. Plusieurs vaisseaux espagnols revenaient des Indes avec un riche chargement, quand une tempête les mit en détresse. Alors on eut recours au *patron des mers d'Espagne*, qui depuis quatre siècles n'avait cessé de protéger fidèlement ses dévots. Tous le virent apparaître allant de vaisseau en vaisseau, apportant à leurs équipages la promesse d'un heureux retour au port. Dans l'un des vaisseaux se trouvait un saint religieux dominicain, le Père François de Acquiera, qui s'occupa de publier ce miracle pour la gloire du Saint.

Tous ces faits et d'autres semblables accomplis en grand nombre, devaient étendre rapidement le culte du Saint.

Des circonstances extraordinaires vinrent rendre particulièrement glorieux son rôle de patron des marins. DIEU avait fait naître saint Telme à l'aurore même des grands siècles de découvertes. Aucun temps ne pouvait amener après lui des événements plus propres à sa gloire. Déjà connu lors des premières découvertes, il put les patronner dès leur origine ; quand elles atteindront leur plein épanouissement, son souvenir récent lui aura gardé tous les cœurs. ses miracles innombrables auront répandu la foi en sa puissance ; de telle sorte qu'universellement invoqué, c'est lui en réalité qui préside à toutes ces grandes entreprises.

La vie du bienheureux amena naturellement ce patronage. Elle s'était passée tout entière à évangéliser les bords du Minho, ou ces falaises de la Galice que l'on voit aujourd'hui couvertes d'ermitages et de chapelles en son honneur comme pour tenir les flots qui les battent sous sa bénédiction ; il fut le véritable bienfaiteur de ces régions ; il fit pour les pêcheurs qui les habitaient et pour leurs familles ses plus grands miracles, et souvent ils consistèrent à soumettre les éléments mêmes qui sont le fléau des gens de mer.

Ce sont ces Galiciens, alors pauvres gens d'une province presque méprisée, qui seront les compagnons de tous les grands explorateurs qui vont partir de l'Espagne. Pleins de reconnaissance pour leur bienfaiteur, ils répandront partout son nom ; présents sur tous les continents, partout ils le feront connaître ; devenus les premiers marins du monde, ils imposeront en quelque sorte le patronage de celui qui fut spécialement leur père, aux autres nations maritimes.

Si l'Église n'a pas officiellement déclaré saint Telme patron des marins, néanmoins elle l'a accepté comme tel, en reconnaissant ce titre qui lui fut donné par une adhésion unanime des peuples.

CANTIQUE A SAINT TELME,

PAR M. CHARLES AUDIC.

IL fait noir, le ciel est sans lune,
La lame déferle avec bruit,
Le gabier veille dans la nuit,
Tout en haut de la grande hune.

Saint Telme, patron des matelots,
Protégez-nous, et calmez les flots.

On entend craquer la misaine
Sous les coups violents du suroît,
Le gabier glacé par le froid
Tremble sous sa cotte de laine.

Saint Telme, etc.

Le vent est fort, la mer est dure,
Voici venir un mauvais grain,
Le suroît qui forcit soudain,
Le jette à bas de la mâture.

Saint Telme, etc.

Le navire, à toute vitesse,
File au loin, poussé par le vent ;
A l'arrière comme à l'avant,
Nul n'entend le cri de détresse.

Saint Telme, etc.

L'océan tient bien sa victime,
Et déjà sans force et sans voix,
Le malheureux, les bras en croix,
Va glisser au fond de l'abîme.

Saint Telme, etc.

Mais avant le dernier voyage,
Il invoque le saint patron,
Qui, sans barque et sans aviron,
Peut le ramener au rivage.

Saint Telme, etc.

Saint Telme, dans sa robe blanche,
Paraît, brillant comme un éclair ;
Sur la surface de la mer,
Il marche, il s'arrête, il se penche.

   Saint Telme, etc.

Le vent est fort, la mer est dure,
Pas une étoile dans la nuit,
Mais sur le vaisseau qui s'enfuit,
Un feu blanc luit dans la mâture.

   Saint Telme, etc.

Saint Telme a calmé d'un sourire
L'effroi du naufragé tremblant ;
Guidé par l'éclat du feu blanc,
Il l'a posé sur le navire.

   Saint Telme, etc.

Et dans la nuit, où rien ne brille,
Le vaisseau qui s'enfuit là-bas,
Conserve, à la pointe des mâts,
Le feu merveilleux qui scintille.

   Saint Telme, etc.

Saint Telme, quand viendra l'orage,
Veillez sur les pauvres marins ;
Étendez sur eux vos deux mains
Pour les préserver du naufrage.

   Saint Telme, etc.

Et quand nous lèverons la tête,
Rassurez nos cœurs anxieux,
Et faites briller à nos yeux
Le feu qui calme la tempête.

   Saint Telme, patron des matelots,
Protégez-nous et calmez les flots.

Imprimé par Desclée, De Brouwer et Cie. — Lille.

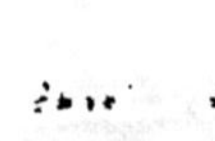